LETTRE A M. NECKER

SUR

SON ADMINISTRATION,

ECRITE PAR LUI-MÊME;

SUIVIE

D'AIGLONETTE

ET

INSINUANTE,

CONTE,

PAR L'AUTEUR DE BIEN-NÉ;

DES TROIS REGNES,

CONTE, PAR M.***;

ET D'UN DÉCRET

SUR LA CONSTITUTION CIVILE

DU CLERGÉ.

1791.

LETTRE A M. NECKER
SUR
SON ADMINISTRATION,
ÉCRITE PAR LUI-MÊME.

Vous croyant guéri, Monsieur, de la manie d'occuper le public de vous, je n'ai pas été peu étonné d'apprendre qu'il paroissoit un nouvel ouvrage sous votre nom : j'ai cru que repentant des maux que vous avez fait à la France, vous vouliez enfin essayer de lui être utile; &, à l'exemple de l'immortel Fénélon, donner une haute leçon aux hommes, par l'aveu de vos fautes ou de vos erreurs.

J'ai lu votre livre, il m'a trop frappé d'étonnement pour que je puisse m'empêcher de vous faire part de quelques réflexions qu'il m'a fait faire; je passerois rapidement sur l'orgueil insupportable qui vous a porté à croire que la France & l'Europe, occupées des plus grands intérêts, en prendroient un bien vif à l'indifférence, à l'ingratitude que vous ont marqué quelques scélérats auxquels vous avez mis les armes à la main. Sans doute l'ingratitude doit révolter toute ame honnête; mais c'est sur-tout celle dont on paye les bienfaits d'un malheureux monarque, qui, pendant long-tems, n'a eu de torts que ceux que vos perfides conseils lui ont fait avoir; & dont au moins les intentions ont toujours été pures. Je ne m'attacherai pas à relever tout ce qui n'est que ridicule dans votre livre, pas même l'endroit où vous vous plaignez des rires qu'excita dans l'assemblée le passage de votre derniere lettre, où vous parliez de votre sentiment *pour une épouse aussi vertueuse que chere à votre cœur*; votre tendresse pour elle, & même pour votre fille, (que vous avez au moins la pudeur de ne pas appeller vertueuse) ne font rien au public. Je passerois les bornes d'une lettre, si je voulois relever tout ce que votre ouvrage contient de puérile; je veux seulement en combattre quelques points principaux.

Vous reprochez, avec raison, à l'assemblée nationale l'influence qu'elle a laissé prendre aux galeries, au Palais-royal & à une certaine classe d'habitans de Paris. Tout le monde connoît comme vous, Monsieur, ces moyens employés par les factieux, pour forcer les délibérations, en épouvantant le grand nombre des députés d'un caractere foible, par le tumulte & les menaces des habitués du corps législatif, & les hurlemens de la populace soudoyée qui entoure le lieu de ses séances ; mais ne seroit-on pas fondé à vous dire que ces Messieurs n'ont fait que perfectionner une idée que vous leur aviez fourni, & la preuve de ce reproche ne se trouveroit-elle pas dans vos propres paroles ? (page 68). » Enfin, on s'en souvient, sans doute, ce qu'on craignoit avec le plus de vraisemblance de la part des députés des provinces, c'étoit une trop grande indifférence pour la dette publique, & l'on présumoit que, placés à proximité de la capitale, ils auroient plus d'égards pour les créanciers de l'état, & cette conjecture ne s'est pas trouvée fausse ». N'est-il pas évident que, par des moyens de séduction ou de terreur, vous vouliez faire changer l'opinion des députés des provinces, & leur faire oublier leur devoir ? Car il vous étoit impossible de présumer que les bailliages n'eussent pas donné à leurs mandataires des ordres positifs sur un objet aussi majeur que la dette publique. Les provinces n'avoient pas besoin de votre direction pour stimuler leur loyauté, & calculer sa comptabilité avec les efforts qu'elles pouvoient faire. Tout en nous parlent morale, vous nous prouvé que vous êtes du nombre de ceux qui comptent les sermens les plus solemnels pour peu de chose, quand on a intérêt à les rompre, puisque vous comptiez sur la proximité de Paris pour diriger l'opinion des députés aux états-généraux. On ne sait que trop combien les intrigues des capitalistes ont influé sur les premieres résolutions de l'assemblée des représentans de la nation, & je me rappelle à ce sujet la lettre qu'un homme très-connu écrivoit à sa sœur, à l'époque de la réunion : *nous avons gagné notre procès ; nous les avons forcé à se réunir, ma fortune est assurée.* Cette lettre est positive, c'étoit donc un procès entre les capitalistes & les cultivateurs, & ceux-ci ne l'ont que trop malheureusement perdu ; mais pas sans appel.

Vous dites, Monsieur, que pour balancer l'opinion du parlement de Paris qui, dans l'enregistrement de la déclaration du roi, du mois de septembre, de l'an 1788, réclamoit, pour les futurs états-généraux, la forme & la composition de ceux de 1614, vous crûtes nécessaire d'engager le roi de demander l'opinion des notables, que vous-même regardiez comme très-importante; pourquoi donc la rejetter dans les points les plus essentiels, quand elle ne vous étoit pas favorable, & vous en appuyer notamment pour l'admission de la classe entiere des curés, quand elle pouvoit servir à vos desseins secrets? Un ministre de bonne-foi qui n'auroit pas eu la folle présomption de croire que lui seul rassembloit plus de lumieres que n'en pouvoit avoir la réunion des personnes les plus expérimentées, dans la science du gouvernement, & qui l'avoient appris autre part que dans un comptoir; un ministre sage, ou n'auroit point assemblé les notables, ou auroit suivi leur opinion, bien certain que le parti contraire feroit naître le germe de toutes les divisions qui déchirent maintenant un Royaume qui, sans votre fatale influence, seroit encore heureux & libre sous un roi juste & bon.

Vous trouverez bon, Monsieur, que je vous demande quel sont vos droits à censurer la conduite des deux premiers ordres de l'état aux états généraux : avez-vous cru que les peuples, fatigués de leurs maux, commençoient à connoître ses véritables défenseurs, & votre projet a-t-il été de réveiller, de donner une nouvelle force à une haine qui ne peut être que passagere, (la vérité reprennant tôt ou tard son empire) & que vous croyez prête à s'éteindre? Cette intention seroit bien perfide, & vous n'avez pas acquis le droit qu'on vous en suppose une meilleure.

En un mot, c'est vous, Monsieur, qui avez

composé les états-généraux ; c'est vous qui avez dirigé les communes, & les traîtres qui ont abandonné leurs ordres; c'est vous qui avez été à la tête du gouvernement dans les époques les plus désastreuses ; c'est vous qui avez conseillé le roi le 5 octobre 1789, & c'est à vous que tout bon Français peut demander compte de la destruction de l'autel, du trône & de la monarchie.

Ne vous trompez pas sur l'opinion publique à votre égard, les personnes qui vous sont les plus favorables, en cherchant à justifier vos intentions, n'accusent que votre incapacité en politique, & les autres (en beaucoup plus grande nombre) ne voyent en vous qu'un jongleur ambitieux & hypocrite, qui a perdu la France, avec connoissance de cause.

Epargnez-nous donc vos gémissemens, votre insolente pitié, & sur-tout vos conseils, & ne songez désormais qu'à mériter d'être oublié.

AIGLONETTE
ET
INSINUANTE,
OU
LA SOUPLESSE.
CONTE.

PAR L'AUTEUR DU BIEN-NÉ.

1791.

Un écrivain obscur, mais dont la plume étoit exempte de malice, comme d'adulation, traça ce qui auroit dû arriver au roi BIEN-NÉ. *Le pauvre prince ne l'aura point lu. Ses ministres lui déroberent sans doute son histoire; car ils en furent si mécontens, qu'ils mirent en prison les libraires qui la débitoient, & nottamment les nommés Désauges, G. D. X. & Denné : heureusement une femme compatissante fit abréger le tems de cette dure pénitence; & quant à l'auteur, il n'a eté connu ni du ministre, ni du public. Voyons s'il saura tracer quelques lignes qui ne cause de chagrin à personne, & qui puisse plaire à celles à qui elles seront particulierement destinées.*

AIGLONETTE ET INSINUANTE.

CONTE.

DANS un grand empire naquit d'une grande souveraine, & de l'époux qu'elle avoit élevé à une grande dignité, une princesse que le ciel destinoit à jouer un grand rôle. Toutes les bonnes fées accoururent à sa naissance. L'une lui donna la beauté, une autre la grace, une autre l'esprit, une autre le courage. La fée un peu altiere, qui lui avoit fait ce dernier présent, voyant arriver doucement & d'un air modeste, une petite fée, regardée par elle comme du second ordre, lui dit avec assez d'aigreur : je parie que vous apportez en don la souplesse; mais Aiglonette, (c'est ainsi que la princesse avoit été nommée) Aiglonette n'en aura aucun besoin. Retirez-vous; vous pourriez nuire au don que je viens de lui faire; la souplesse est incompatible avec la force & le courage. Vous vous trompez, répondit en souriant la douce petite fée. Quand cela seroit, reprit l'autre, convenez au moins que votre présent est inutile. Avec de la beauté, de la grace, de l'esprit, une ame forte & généreuse, on peut faire tout plier; & l'on n'a jamais besoin de plier soi-même, sur-tout quand on est élevé au-dessus du vulgaire, par la fortune & par le rang. La fortune & le rang sont-ils, dit la petite fée, hors de toute atteinte possible? La beauté est-elle inaltérable? Sans la souplesse a-t-on toujours l'esprit du moment & de l'occasion? Car, supposé que nous fussions invariables nous-mêmes, il y a grande apparence qu'autour de nous, beaucoup de gens & de choses varieront, & que nous ne serons pas long-tems regardés du même œil..... Douter de son bonheur, est déja un défaut de courage, s'écria l'altiere fée; retirez-vous; je crains que vous ne jettiez sur Aiglonette un peu de votre prévoyance, qui n'est que pusillanimité; un peu de votre souplesse qui, chez les grands, n'est que foiblesse honteuse. La petite fée fit la révérence, & dit en se retirant: si quelque jour on a besoin de moi, je reviendrai, car l'enfant est si joli qu'il m'intéresse.

Ce joli enfant devint la plus belle & la plus aimable princesse du monde. L'idée ne lui vint point que, manquer de souplesse fut un malheur. La reine, sa mere, n'en avoit jamais eu besoin. Elle gouvernoit, sans contradiction, son époux & l'empire, & auroit pu dire comme Louis le Fastueux : *j'ai toujours fait la loi chez moi, & quelquefois chez les autres.* Par exemple, elle sut marier sa fille au gré de son ambition dans un état voisin, malgré d'anciens préjugés, & malgré d'assez bonnes raisons qui, dans cet état, empêchoient beaucoup de gens de regarder de bon œil une pareille alliance. La mere triompha, par sa politique puissante, des préjugés & des raisons; & la fille, dès qu'elle parut, fit oublier toutes les répugnances, & les changea en adorations. Ce ne furent que fêtes à la cour où elle devoit régner. Le bel esprit, entr'autre, l'enivra de son encens. Ce n'est pas qu'il ne soit fade & de chétif aloi; mais à force de revenir à la charge, à force de tenir l'encensoir sous le nez des grands à l'église, au spectacle, à la promenade, à la toilette, au cercle, sans les laisser jamais respirer un air pur, il faut bien qu'ils soient enivrés à la fin. Et puis, injustes humains, injustes sujets, vous jugez à la rigueur celle à qui vous avez ôté la possibilité de réfléchir & de se connoître!

Tout ce que faisoit la belle Aiglonette étoit peint avec des pinceaux flatteurs. Oui, je ne puis le dire sans attendrissement, ce qui depuis fut appellé prodigalité criminelle, se nommoit alors bienfaisante libéralité; ce qu'on a qualifié depuis, de liberté & d'indulgence excessives, se nommoit alors affabilité aimable, mépris magnanime de l'exigeante étiquette. Les appréciations & les qualifications avoient déja changé dans le public, que le langage des courtisans étoit encore le même. Aveugles qu'ils étoient, ils croyoient qu'Aiglonette ne pouvoit trop persister dans une conduite qui, dangereuse pour elle, désagréable à tout le monde, leur paroissoit souverainement avantageuse *pour eux*. Qu'ils se sont trompés! Je les vois précipités dans un abyme dont ils ne regagneront par les bords. N'insultons pas à l'infortune: tristes victimes de leurs adulations, ils se sont fait encore plus de mal qu'ils n'en ont fait à leur maitresse abusée; car son infortune n'est pas sans remede, comme la leur.

Si le rang s'est affaissé sous le poids de ses propres privileges, le courage est resté. Si la beauté est altérée par le chagrin, la grace reste. L'esprit..... il a dû s'étendre & se former. Le malheur n'amene-t-il pas la réflexion? Le blâme ne nous force-t-il pas à l'examen de notre conduite? Si l'on n'avoue hautement aucun tort, il y a au moins des choses qu'on ne justifie pas hautement : on colore, on élude, on distingue, donc on apprécie. Je le répete, le courage reste, la grace reste, & l'on est en chemin d'acquérir cette capacité d'esprit qu'on croyoit si mal-à-propos avoir auparavant, quand, au lieu d'être éclairé par l'expérience, on étoit sans cesse aveuglé par des flatteurs.

Ces acquisitions, loin de compenser les pertes qu'avoit fait la princesse, en aggravoient le sentiment. Elle n'en étoit que plus malheureuse pour être devenue plus clairvoyante. Sans compter le reste, il étoit bien douloureux de ne voir que d'avides courtisans dans ceux qu'elle avoit pris pour des amis véritables.

Jusqu'à quand, princes, croirez-vous avoir des amis ! S'il y a des gens de bien sur le globe, vous pourrez avoir des serviteurs fideles, des conseillers vertueux ; mais des amis ! Songez que, pour avoir un ami, il faut être ami soi-même. Il faut écouter des confidences ; & vos secrets seuls vous paroissent importans ; partagez chagrins & plaisirs, & vous ne voyez d'intéressans que les vôtres ; supporter l'inégalité, la sécheresse, l'abattement de corps & d'esprit, & vous voulez qu'on soit toujours prêt à vous entendre, à vous répondre, à courir avec vous ou pour vous. Il vous faut un automate que vous remontiez à votre heure, & c'est à quoi un courtisan ne ressemble pas mal à l'extérieur ; mais dans le fait, c'est lui le plus souvent qui ajuste, remonte, qui dispose l'aimant, où tient les fils ; c'est vous qui êtes la machine.

La princesse étoit donc bien malheureuse. Quelquefois la religion lui inspiroit quelque patience ; d'autres fois une justice intérieure, que les grands mêmes ne peuvent faire taire toujours, lui disoit : tu expies les dures vengeances que tu t'es permises, les persécutions que tu as faites, ou laissé faire. Alors une lugubre résignation prenoit la place d'un amer ressentiment ; mais son chagrin, pour varier, n'en étoit pas moins du chagrin.

Un jour, contre l'ordinaire, quelqu'un de ceux qui l'approchoient lui conseilla, de tirer parti de je ne sais quel amusement qui se présentoit. Je le pourrois, dit Aiglonette, si j'avois dans l'esprit un peu plus de souplesse.... Il n'en fallut pas davantage. Voilà la petite fée, repoussée autrefois, qui se glisse dans l'appartement. Elle ne fut point présenté ; mais elle avoit tant de grace & une petite dose de timidité si convenable, que la princesse ne put prendre sur elle de lui montrer une désobligeante surprise : au contraire, elle s'approcha de l'inconnue, avec qui elle s'entretint de la pluie & du beau tems, d'un air fort naturel. Qui êtes-vous, madame? dit à la fin la princesse. Vous me paroissez aussi polie qu'aucune des personnes de ma cour; avec cette différence, que vous n'outrez rien. Votre parure n'est pas si entierement calquée sur celles qu'on m'a vu applaudir; vos empressemens sont modérés, votre politesse n'est point rampante; il y a dans ce que vous faites & dites, une mesure, un à-propos que je n'ai vus à nul autre que vous. Que vous êtes vous-même obligeante & aimable, s'écria la fée. Que vous êtes bien cette Aiglonette qui, encore au berceau, m'inspira un si tendre intérêt! Je suis fée. Je m'appelle Insinuante. Comme je ne sais ni marcher très-vîte, ni parler trés-haut, j'arrivai un peu tard lors de votre naissance, & me laissai repousser par des fées plus imposantes que moi. Je vous apportois la souplesse; on m'assura que vous n'en aviez aucun besoin. Aujourd'hui, que vous la desirez, il ne tient qu'à vous de l'avoir. Aiglonette rougit. Les fées qui vous empêcherent de me douer n'avoient pas absolument tort, dit-elle, & j'aurois dû n'avoir aucun besoin du présent que vous vouliez me faire. Même aujourd'hui j'aurois quelquelque honte de l'accepter, ne pensant pas qu'il me convienne d'en faire usage. Le roseau consent à plier.... Le chêne rompt, acheva la fée. — Oui, quand les vents sont d'une impétuosité si extrême, si redoublée, qu'il ne faut pas s'y attendre, parce que cela est trop rare. — Dépend-il du chêne de modérer les vents? — Peut-être que non, mais... — Il est bon toujours de savoir plier, puisqu'il peut ne nous rester d'autre ressource.

N'est-il pas plus beau, reprit fierement Aiglonette, n'est-il pas plus beau de rompre que de plier lâchement? Lâchement! répéta Insinuante avec un sourire. Voilà une fleur de rhéthorique trop commune, mais bien indigne d'une princesse de votre esprit. Une pareille épithete décide la question avant qu'elle ne soit éclaircie. Sans doute, tout vaut mieux que de faire lâchement quoi que ce soit. Je pourrois, imitant cette maniere d'argumenter, demander à mon tour... Mais, non; laissons l'exagération & les épithetes. Il s'agit d'examiner s'il faut toujours se roidir contre les coups de la fortune, ou s'il faut plier quelquefois, & quand il y a peu d'apparence qu'on puisse résister avec succès.

Mes amis, dit Aiglonette, ceux qui montrent le plus de zele pour ma gloire, me conseillent de ne point fléchir, & trouvent que je ne le pourrois faire sans honte... Quoi, dit la fée, des courtisans tiennent ce langage! Ah! ne les en croyez

pas.

pas. Ce qu'ils appellent *votre gloire*, c'est *leur intérêt*.... D'ailleurs, fussent-ils de bonne-foi, ce sont les plus mauvais connoisseurs en honte & gloire que l'on connoisse. Se prosterner est leur seule maniere de plier; ils marchent toujours courbés. Mais qui écouter, qui croire? reprit Aiglonette. Irai-je consulter mes détracteurs, mes implacables ennemis? Non, dit la fée, non, belle Aiglonette, ne consultez que l'expérience, dont vous trouverez les fastes dans l'histoire, & n'en croyez ensuite que votre propre discernement. Eh bien, dit Aiglonette, sans aller bien loin dans l'histoire, ma mere fut malheureuse, & ne fléchit point. Je conviens que les circonstances étoient très-différentes, & je suis assez judicieuse pour ne rien conclure du succès qu'obtint sa courageuse persévérance. Mon frere n'a jamais cédé... Et en quoi, dit la fée, a-t-il réussi? Laissons ma famille, dit Aiglonette. Denys le tyran ne vous paroit-il pas assez ridicule dans son école? — Assez, mais c'est à cause de cette férule qui remplaçoit le sceptre de fer qu'il n'avoit pu retenir. — La reine Zénobie *ravalée*, comme dit un auteur célebre, *au rang de matrone romaine*, ne m'inspire qu'une pitié dédaigneuse. — En cela nous différons beaucoup dit la fée. Une autre fin plus tragique à ses glorieuses aventures eût mieux figuré peut-être dans un livre. Mais pour Zénobie, qui ne l'auroit point lue, c'eût été là un foible avantage, auquel elle fit très-bien de préférer quelques années d'une vie douce & paisible, & le mérite de laisser des filles contentes dans leur sort. Changez un peu les tems dans votre imagination, belle Aiglonette; faites vivre Zénobie à Rome, non point sous des despotes, ni avec des esclaves, mais avec les Gracques, leurs meres & leurs épouses, & vous ne la plaindrez plus. Mon Dieu, s'écria Aiglonette, que prétendez-vous dire? Compareriez-vous les *** aux Gracques, & Mad.** à la fille de Caton? Pas plus, dit la fée, que vous ne vous compariez à Zénobie. Vous ne tombez ni si bas, ni de si haut. C'étoit une vraie héroïne. Vous prenez, madame, dit en rougissant la princesse, le ton à la mode, le ton républicain. Faut-il que des êtres d'une nature supérieure à la nature humaine, se laissent gouverner par les circonstances & imitent des gens qu'ils devroient mépriser? Nous n'imitons personne, reprit la fée; mais aussi nous ne craignons personne, & nous disons la vérité aux grands quand ils en valent la peine, & que nous les croyons disposés à l'entendre. D'après mon humeur naturellement douce & complaisante, ainsi que d'après mon inclination pour vous, je voudrois n'avoir que des vérités flatteuses à vous dire. S'il en est autrement, prenez-vous en au sort qui est plus puissant que vous ou moi ; ou plutôt soumettez-vous à lui, & recevez de moi des conseils que me dicte votre seul intérêt. La fée se tut. La princesse rêva. Deux charmans enfans se présenterent. Insinuante se mit à badiner avec le plus jeune. Et vous, lui dit-elle, daignerez-vous ne pas être malheureux ? Les larmes vinrent aux yeux à Aiglonette. Adieu, madame, lui dit Insinuante : si vous ne voulez pas que je vous sois utile, je vous suis sûrement importune. Non, restez, de grace, restez, dit la princesse : vous avez pris sur moi un ascendant que je ne puis plus détruire. Quoi que je fasse, je ne pourrai plus suivre mes résolutions avec cette confiance, avec cette approbation de moi-même que j'avois avant votre visite. Voulez-vous *la souplesse*, dit la fée ? je vous l'offre pour la derniere fois : plus tard vous ne pourriez plus en faire usage avec grace. Ce qu'on admirera aujourd'hui, l'on s'en moquera demain. La condescendance forcée ne touche personne. Il faut encore avoir le choix de fléchir ou de résister, pour que fléchir soit une vertu. Donnez, dit la princesse ; je ne promets pas de m'en servir, mais donnez.

A ces mots, plus de fée dans l'appartement ;

mais la princesse resta avec un autre esprit, un autre cœur, ou pour mieux dire, avec une faculté nouvelle, qu'elle fut portée à exercer dès ce moment, ne fût-ce que pour en essayer, & se convaincre qu'elle l'avoit. C'est aussi ce qu'elle fit ; mais avec tant de discrétion & de prudence, qu'elle avoit déja pris beaucoup de mesures, écrit beaucoup de lettres ; entravé, retardé, contremandé beaucoup de choses, avant qu'autour d'elle on se fût apperçu d'aucun changement : ce qui lui sauva une infinité de représentations auxquelles il lui eût été difficile de ne pas céder. Un matin pourtant elle feignit de s'endormir à la lecture d'une feuille imprimée, qui depuis deux ans parloit tous les jours de l'auguste Aiglonette & de son illustre mere. Je ne suis sûrement pas la seule que cet homme endort, dit-elle en rouvrant les yeux ; & je crois qu'il me nuit plus qu'il ne me sert, puisqu'il fait ensorte qu'on s'ennuie de mon panégyrique. Qu'on lui demande quel est le profit qu'il tire de sa feuille en six mois : je lui payerai cette somme, à condition qu'il voyage tout ce tems-là, & qu'à son retour il écrive d'une autre maniere. Cela fut exécuté sur-le-champ ; & depuis ce tems un autre folliculaire non moins grossier & insolent que celui-là étoit fade & emphatique, ne sut plus comment remplir les pages destinées à injurier Aiglonette. Peu à peu les barbouilleurs & les discoureurs des deux partis baissèrent de ton; de sorte que, si on la loua beaucoup moins, elle cessa d'être déchirée.

O combien furent durs & pénibles quelques-uns des sacrifices qu'elle crut devoir faire aux circonstances! Mais comme le naturaliste ne voit par-tout qu'insectes, fossiles, pierres, métaux, & devient plus savant à chaque pas qu'il fait, ainsi la princesse voyoit dans tous les objets, soit leur résistance, soit leur flexibilité; & sans cesse elle étoit éclairée sur les avantages du présent qu'elle avoit reçu. Soit hasard, soit providence, le même jour qu'elle vit un lingot d'or s'amincir à l'infini sans rien perdre de sa valeur, un autre lingot d'or se laisser partager en lames arrondies, & recevoir de l'empreinte qu'on lui donna, une nouvelle beauté, elle vit se briser sous la baguette d'un enfant, tout un trésor de verrerie. Le même jour qu'elle vit une haute muraille minée par des eaux croupissantes, s'écrouler & écraser dans sa chûte des animaux & des enfans, elle vit de foibles joncs relever leurs têtes modestes de dessous les eaux accumulées d'un torrent furieux. La même poule qu'elle a vue hier se battre avec courage contre un ennemi redoutable de sa jeune couvée, elle la voit aujourd'hui rassembler ses poussins, & hâter & couvrir leur retraite ; car l'épervier qu'elle apperçoit dans les airs, est trop fort : l'attendre & le combattre seroit non-seulement folle imprudence pour elle-même, mais encore cruauté affreuse envers ceux qu'il est de son devoir de protéger. Ce n'est pas uniquement de la nature qu'Aiglonette reçut d'utiles leçons ; l'histoire fourmille d'exemples qui parlerent encore plus haut dès qu'elle leur prêta l'oreille. La société bien consultée, eût suffi seule ; car chaque maison est un état, chaque famille est une nation.

Un courtisan voulant un jour l'amuser, lui fit le récit de ce qu'il venoit de voir chez une femme de sa connoissance. Elle & une de ses amies, belles toutes deux, avoient été récemment attaquées de la petite vérole, & venoient de recouvrer la santé. Il s'étoit fait recevoir chez l'une d'elles, non sans peine. Le jour étoit foible. Une belle main réchappée, sans perte, du naufrage, couvroit à tout moment un front & des joues qui avoient tout perdu. L'autre amie arrive. A peine étoit elle reconnoissable. La premiere fait un cri ; celle-ci, un éclat de rire. Où allez-vous en sortant de chez moi, demande la premiere ? A la comédie, répond l'autre. — Quoi! dans votre grande loge? — Oui, tout comme toujours. Je n'aurai plus le plaisir d'être admirée, mais il me restera celui de voir & d'entendre ; & je ne suis pas assez dupe pour renoncer à tout, pouvant conserver quelque chose.

Quand ce courtisan vit la princesse se contenter du crédit qu'elle pouvoit avoir, jouir des plaisirs qui lui restoient, acquérir une considération nouvelle par l'oubli de son ancienne splendeur; quand il s'étonna, quand il osa la blâmer, elle lui rappella les deux amies.

Beaucoup de gens crierent à l'ingratitude. *Vous m'avez si mal guidée*, leur dit Aiglonette, *que c'est beaucoup que je vous pardonne. Tachez de suivre mon exemple, & n'espérez pas que je me perde pour vous.*

DÉCRET ADDITIONNEL A LA CONSTITUTION CIVILE DU CLERGÉ.

UN évêque apostat, des rives de la Loire,
Encor jaloux de tenir à son nom,
Tourmenté d'une vaine gloire,
Au lieu de l'Évangile apprenoit le blason.
Dans cette science héraldique,
Il découvre que ses aïeux
Portoient sur l'écusson la croix patriotique,
C'est-à-dire, un sautoir (1) : le voilà tout joyeux
De cette découverte, & soudain il combine
Le moyen d'illustrer ce signe redouté.

[1] Tout le monde connoit l'anecdote de la maison de Jaren... consignée dans tous les auteurs. Dans la seconde croisade, au siege de Damas, un Chatillon changea son nom en celui de Jarente, & prit pour armes la croix de St-André, à cause de la victoire qu'il avoit remportée par la vision de ce saint. Ainsi Jarente ou Gérente. *Eo quod hastam domini Gereret.*

Si les prélats jureurs portoient sur la poitrine
Ce simbole imposant de popularité! . . . .
Rome auroit beau crier au scandale, au déisme,
Tous ses sacrés *canons* elle auroit beau braquer,
J'établirois toujours un schisme
Que le fier vatican n'oseroit attaquer.
Délicieux! dit-il : & l'ame possédée
Du plaisir délicat de cette invention,
Il s'adresse, en droiture, à l'auguste assemblée,
Pour en faire la motion.
Aussi-tôt, Guillotin, d'une ardeur peu commune,
Charmé d'un projet aussi beau,
Demande la parole & monte à la tribune
Pour évoquer l'ombre de Mirabeau.
Alors, tout enflammé du feu de son génie,
Mes collégues, dit-il, d'un ton sentimental,
Décrétons sur le champ, que, sans ignominie,
Le sautoir deviendra le signe épiscopal.
Il est beau qu'un prélat, jaloux de notre estime,
Seconde nos projets, & s'occupe avec nous,
Des moyens d'extirper cet antique régime,
Qui doit expirer sous nos coups.
Par cet emblême salutaire,
Nos fideles sujets seront plus respectés,
Et cet épouvantail du clergé réfractaire,
Maintiendra les décrets que nous avons dictés.
A ce noble discours mille voix applaudirent;
A tout rompre on claqua des mains :
Du manege ébranlé les voûtes retentirent
Au grand contentement de tous les culotins.
En vain la bruyante sonnette
Rappelloit à l'ordre du jour :

En vain, pour opiner par tête,
Chaque représentant se levoit à son tour ;
Barnave, encourageant la horde clémentine,
Se repaissoit déja du spectacle enchanteur
De voir propager la doctrine
Qui fait l'aliment de son cœur.
Rabaud, ivre de fanatisme,
Vouloit qu'on réunit la roue avec la croix,
Afin de cimenter son nouveau despotisme,
Et d'en aggraver tout le poids ;
Thouret, Charlot, Menou, Chapellier, Robespierre
Craignant que cette croix qu'on veut porter devant,
Ne put leur servir par derriere,
Firent un bel amendement.
Enfin, on décréta, comme il étoit bien juste,
De remercier le prélat
Et de lui consacrer un buste,
Comme aux grands hommes de l'état.
On décréta que les nouveaux pontifes
Porteroient la croix en sautoir,
Et que les modernes captifes
Mettroient la main à l'encensoir.
Tous les crapeaux, alors, de leurs gueules impures,
Laisserent échapper d'affreux croassemens,
Et les suppots soldés, des pontifes parjures,
Redoublerent leurs sifflemens.
Cazalès & Maury, fort enclains à médire,
Sans s'étonner du sublime projet,
Se préparoient à lancer la satyre
Contre le prétendu décret ;
Ils vouloient rapprocher le prélat de son frere,
Pour offrir au public le bizarre tableau

D'un franc preux décoré de l'ordre militaire,
Avec l'instituteur de l'ordre du bourreau.
Mais, la secte démocratique,
Dans ses fougueux transports, trouva plus à son gré,
D'abjurer à l'instant la croix apostolique,
Et d'y substituer celle de St-André.

LES TROIS REGNES,

CONTE ALLÉGORIQUE.

LES TROIS REGNES,

CONTE ALLÉGORIQUE.

UN génie enragé, déserteur des enfers,
Sortant d'un sabat effroyable,
D'un vol rapide ayant fendu les airs,
Vint se réfugier sur la terre habitable;
Et jura par le plus grand diable,
Par Busembaüm & ses pairs,
De tout être créé la perte inévitable.

A peine, de son souffle impur,
Eut-il empoisonné mainte & mainte contrée,
Qu'on vit bientôt pâlir l'azur
Et le brillant éclat de la voûte étoilée:
La nature, à l'instant, sembla bouleversée;
Le jour même devint plus sombre & plus obscur.

Tel qu'une vapeur très-subtile,
Son infernal poison s'étendit en tous lieux:
Depuis l'homme jusqu'au reptile,
Depuis le diamant jusqu'au moindre fossile,
Depuis l'humble roseau, jusqu'au chêne orgueilleux,
Chaque être, tel qu'il fut, se crut égal aux Dieux.
Chacun disoit, dans sa petite sphere,
Ne suis-je pas l'œuvre du créateur?
La même loi que ce puissant moteur
Assigna, pour toujours, au monde sublunaire,

N'est-elle pas commune au prince, au laboureur,
A l'or, à la topaze, à l'orme, à la fougere,
Au lion, comme au ver de terre?
Et l'on eut dit, qu'en ce moment affreux,
Chaque atôme, à part-soit, doué de la parole,
Dans la poussiere de l'école
Venoit de déterrer quelque argument poudreux.
On n'entendoit brailler que les mots de substance,
De matiere, de forme, & sur-tout d'accidens,
De partie intégrante, & de quatre élémens,
D'une suprême intelligence,
Dont la divine préscience
N'a vu qu'un tout dans tous les tems.

Qu'il faisoit beau voir se débatre
Les navets & les ananas,
Le vil argile avec l'albâtre,
Les dardennes & les ducats,
Le verd-campan, avec le plâtre,
Les crocodiles & les rats,
Les moucherons & les soldats,
Les Chapeliers, & les fils d'Henri-Quatre?

Pour tâter de l'égalité,
Chaque insecte, à son tour, vouloit tenter fortune,
Il réclamoit la loi commune,
Et vantoit son utilité.
Pourquoi, s'écrioit l'un, telle prérogative?
Pourquoi le nain n'est-il pas grand?
Et pourquoi le ciron n'est-il pas éléphant?
Pourquoi la nature rétive
Donne-t-elle un suc à l'olive
Qu'elle ne donne pas au gland?

Pourquoi ne suis-je pas, disoit le porc maussade,
Bel esprit, petit-maître, orateur financier ?
Pourquoi disoit l'âne son camarade,
Ne suis-je pas docteur ou bachelier ?
Et pourquoi n'ai-je pas l'odeur de la muscade,
S'écrioit l'humble grozellier ?
Pourquoi donc, disoit la baleine,
Ne sortirois-je pas de l'empire des eaux,
Pour venir m'égayer sur des riants côteaux,
Où ma majesté souveraine,
Par heure, avaleroit sans peine
Quelques milliers de pigeonneaux ?
En repoussant un mors insupportable,
Le cheval de fiacre, ajoutoit à son tour,
Pourquoi, par un juste retour,
Au lieu de broutiller dans le fonds d'un étable,
Ne mangerois-je pas à table
Sous des lambris dorés, comme un seigneur de cour ?
Pourquoi, disoit le buis, d'un ton duriuscule,
Ne suis-je pas, ainsi que l'acajou,
Tourné, poli comme un bijou,
Sans me donner la forme ridicule
D'un vil peigne ou d'une canule,
Pour enlever la crasse ou boucher certain trou ?

De pourquois en pourquois le mal épidémique
Faisoit des progrès étonnans :
Les basilics & les serpens,
Par un instinct diabolique,
De la nature apostolique
Dirigeoient tous les mouvemens.
C'étoit sur ces pourquois que l'infernal génie

Avoit fondé son empire nouveau :
C'étoit à la lueur d'un perfide flambeau,
Que l'erreur, l'orgueil, la folie
Devoient anéantir cette belle harmonie
Dont l'univers est le tableau.

Enfin, dans ce désordre extrême,
Chacun voulut changer d'état :
Le ciron prétendit cindre le diadême,
Le bœuf voulut que l'homme à son tour labourât,
Les esturgeons vouloient porter rabat,
Et les dindons inventer un systême.

Dans un profond néant tout alloit s'engloutir
Quand la nature épouvantée
S'envola jusqu'à l'empirée,
Que, de ses cris elle fit retentir.
Mercure qui la vit venir,
Aussi-tôt, des grands Dieux, convoqua l'assemblée.
Jupin, à qui tout est présent,
Déja ruminoit dans sa tête
Les moyens d'appaiser cette horrible tempête.
Après donc s'être assis sur son trône éclatant,
La foudre en main & l'œil étincelant,
Je ne sçais, dit-il, qui m'arrête ?
Oui : si je n'écoutois que mon juste courroux,
Sur ces atômes vils je lancerois ma foudre ;
Je les exterminerois tous,
Et réduirois leur globe en poudre.
Tous les Dieux, indignés, furent du même avis :
Minerve seule étoit d'un sentiment contraire.
Puissant maître des Dieux, Jupiter, ô mon pere !
Si mes conseils peuvent être suivis,

Dit-elle, les ingrats seront assez punis,
Si, dans leur sot orgueil, on veut les laisser faire.
Dans leur délire passager,
Que les trois Regnes se confondent;
Qu'à leurs vœux les enfers répondent;
Cet attentat ne peut vous outrager.
De leur aveugle extravagance
Qu'ils éprouvent le triste effet:
Ils sentiront bientôt leur funeste impuissance,
Et vous demanderont, comme un rare bienfait,
De réparer le mal qu'ils auront fait,
En implorant votre clémence.

Cependant, la nature en pleurs
Ne cessoit de crier justice,
Et de montrer son superbe édifice
En proie à toutes les horreurs.
Mais, le discours de la sagesse
Avoit rassuré tous les Dieux,
Et la nature, en essuyant ses yeux,
Rougit d'un moment de foiblesse.

Mercure, alors, fut député
Pour aller prendre connoissance
Des abus où pouvoit se porter la licence
Contre la juste autorité,
Pour voir, jusqu'à quel point l'altiere indépendance
Opposeroit sa vaine résistance
Aux décrets éternels de la divinité.
L'infatigable Dieu prit son vol vers la France,
Comme le lieu le plus vanté
Par sa douceur, par son urbanité,
Sur-tout, par sa prééminence.

Hélas, quel horrible tableau
La France offrit aux yeux du messager céleste!
La grêle & la famine, & la guerre & la peste,
Seroient un bien moindre fléau.
Il ne reconnut plus la sage économie
Qui, dans l'ordre de l'univers,
Avoit classé tous les êtres divers
Pour établir une heureuse harmonie:
Même, la chaîne qui tout lie,
Avec tous les ressorts se mouvoit à l'envers.
Tout étoit confondu : le renard étoit brave,
L'homme étoit abruti, le chou portoit du fruit,
Le charbon étoit blanc, l'oie avoit de l'esprit,
L'or étoit un Philippe, & le fer un Barnave,
La fange un potentat, le monarque un esclave;
Le lys étoit sanguin : la rose, à petit bruit,
Avoit fui le soleil, & ne cherchoit que l'ombre;
Mais le hibou paroissoit au grand jour:
L'agneau, si doux, avoit le regard sombre,
Les tigres, les requins, les lions tour-à-tour,
D'un monstre couronné vouloient former la cour;
L'aigle seul n'étoit pas du nombre.
La Seine, dans sa source essayoit de rentrer;
Chaque isle, au continent vouloit être accrochée:
Des champs d'Yvri la gloire étoit chassée:
L'honneur & la vertu n'osoient se rencontrer;
Le salpêtre étonné craignoit de s'enflamer;
La valeur étoit enchaînée.
Les loix étoient du plus mauvais aloi;
Les singes dictoient des sentences;
Le culte, les autels étoient en désarroi:
Le crime avoit des récompenses;

Les lanternes & les pötences
Etoient le prix de l'amour de son Roi.
En un mot, tout ou rien : telle étoit la devise
Des trois Regnes en général ;
Et Mercure vit que le mal
Etoit à sa derniere crise,
Puisque la mere sainte église
Alloit mourir à l'hôpital
Sans argent, sans pain, sans chemise.

Sous la forme d'un forcené
Ce Dieu, pour mieux s'instruire, essaya de paroître,
Mais il se garda bien de se faire connoître ;
Car, tout Dieu qu'il étoit, on l'auroit lanterné.

Oh ! que ce fut bien autre chose,
Quand il vit de plus près le foyer du venin !
Quand il vit la métamorphose
D'un jésuite en jacobin ;
Et quand il entendit des fauteurs de la loi
Qui prêchoient la métamsycose !
Foi de Dieu, se dit-il, je n'ose
Du dénouement attendre ici la fin.
Je me souviens de cette compagnie,
Sous le nom de société,
Qui couvroit son hypocrisie
Du manteau de la piété,
Et qui, pour son profit, avec impunité,
Débitoit sa morale impie.
De l'ordre elle étoit ennemie ;
Elle immoloit tout à sa vanité.
Vainement, ici bas, jadis l'a-t-on flétrie,
Vainement des rois l'ont bannie.

C'est elle qui revient sous un masque emprunté,
Sous les noms de théosophie,
De liberté, d'égalité,
Pour répandre l'épidémie,
Et pour s'unir au malfaisant génie
Qui de l'enfer est déserté.
Je reconnois l'odieuse souplesse
Des ministres pervers de son ambition :
Leur cri de guerre est, *constitution :*
Ce fut toujours leur arme vengeresse ;
Et, dans leur détestable ivresse,
Ils ont pris pour renfort la *révolution.*
Il ne leur manque plus qu'une inquisition,
Qu'un tribunal de sang qui juge avec adresse
Les crimes prétendus de leze-nation.
Déja, par une sourde intrigue,
Port-royal est de leurs amis,
Et les *maçons*, antiques ennemis
De la jésuitique brigue,
Par les *illuminés*, aveuglément soumis,
Ne forment qu'une même ligue,
Pour renverser la forte digue
Que lâchement abandonna Thémis.
Il n'est donc plus de calme sur la terre !
Les diables s'en sont emparés :
Les trois Regnes sont conjurés,
Et vont se faire une éternelle guerre :
Il n'appartient qu'au maître du tonnerre
D'enchaîner de nouveau ces êtres égarés.
Alors, quittant sa mascarade,
Il reprit son vol vers les cieux,
Pour aller rendre compte aux Dieux

De sa délicate ambassade.
Il arrrive ; & sans prendre un instant de repos,
Il retrace, à la hâte, avec des traits de flamme,
Le funeste & prochain cahos
Où va plonger le globe une infernale trame,
Qui provoque, avec art, le ministere infâme
Des satellites d'Atropos.

Soudain, les Dieux dans leur juste colere,
De Jupiter exciterent l'ardeur :
Minerve, malgré sa douleur,
En gémissant redoubla sa priere ;
Mais, Mars, qui n'écoutoit que sa fougue guerriere,
Ne respiroit que sang, que carnage & qu'horreur.
Je connois un héros dont l'audace intrépide
Saura venger, dit-il, l'honneur & la vertu.
Si, par ses noirs forfaits, l'enfer a prévalu,
Il est beau qu'un mortel, couvert de notre égide,
Triomphe avec éclat d'une ligue homicide,
Qu'il écrase le monstre à ses pieds abattu.
Alors, par un juste équilibre,
L'ordre étant rétabli sous l'empire des loix,
La nature tranquille & libre
Pourra reprendre tous ses droits.

Le conseil de Minerve étoit prudent & sage ;
Mais le remede étoit trop lent
Pour arrêter un mal si violent ;
La gangrene avoit fait le plus affreux ravage ;
Il falloit donc mettre en usage
Un caustique antipurulent.
C'est ainsi que toujours la saine politique,
Pour l'intérêt des nations,

Doit traiter les émotions
Qu'excite aveuglément un peuple frénétique.
Si le mal est causé par des obstructions,
On donne, alors, tant de grains d'émétique;
S'il s'agit de convulsions,
On n'employe un bain balzamique,
Tel que dans le canton belgique,
On l'a fait prendre aux Brabançons.
Les Dieux, enfin, mirent dans la balance
Tous les divers moyens qu'ils pouvoient employer,
Pour extirper ce dangereux foyer
Qui se formoit dans le sein de la France,
Et qui, par sa grande influence,
Corromproit l'univers entier.
Le parti le plus prompt & le plus efficace
Fut celui qu'adopta le souverain des cieux:
Il jura donc d'exterminer la race
De ces maudits enfans d'Ignace,
Dont l'esprit intriguant renaissoit en tous lieux.
Ils finiroient, dit-il, par fasciner nos yeux,
Et peut-être auroient-ils l'audace
De se croire eux-mêmes des dieux.
C'est, par leur infâme cabale,
Que le génie destructeur
A quitté la rive infernale
Pour venir sur le globe imprimer la terreur;
Et dans l'excès de sa fureur,
De leurs dogmes affreux retrace la morale.
Que, pour subir le juste châtiment
Que Tisiphone leur prépare,
Le génie, avec eux, dans le fonds du tartare,
Sans murmurer rentrent dans le moment.

Et quand la terre empoisonnée
Par le souffle empesté de ces esprits pervers,
De ses noires vapeurs sera purifiée,
Et qu'une céleste rosée
Rendra le calme à l'univers,
Les trois Regnes confus rentreront dans les fers,
Et rempliront leur destinée :
La seule loi que ma main a tracée,
Doit enchaîner tous les êtres divers.
L'homme, dans ce désordre, est le moins excusable :
Pour se garantir du poison,
N'avoit-il pas, pour guide, la raison ?
Jadis rempli d'honneur, aujourd'hui méprisable,
Le Français, le premier, alluma le tison
Qu'offrit à ses regards la cabale implacable :
Par un exemple mémorable
Il doit donc expier sa noire trahison,
Et rentrer sous le joug d'un régime équitable.
Que le héros, dont Mars a fait le choix,
Exerce ma vengeance, & se couvre de gloire ;
Mon aigle, près de lui, fixera la victoire :
Qu'il cimente à jamais l'autorité des rois ;
Que, le fer à la main, il impose des lois
Que je saurai graver au temple de mémoire.
Ainsi parla le puissant Jupiter.
Alors, la sensible nature,
De compagnie avec Mercure,
D'un vol rapide aussi prompt que l'éclair
Traversa les plaines de l'air,
Et reparut sur ce globe parjure.
L'ambassadeur des immortels,
Précédé par la Renommée,

Notifia des Dieux, les décrets éternels ;
Et d'un coup de son caducée,
Aux yeux de l'Europe étonnée,
De l'idole du jour renversa les autels.
Les monstres, à l'instant rentrerent dans l'abîme :
Les trois Regnes séduits connurent leur erreur ;
La severe vertu, le respectable honneur
Vinrent, le front levé, faire rougir le crime ;
Mais il falloit une victime,
Pour, des Dieux irrités, appaiser la fureur.

C'est dans l'empire germanique,
La pépiniere des Césars,
Que Mercure trouva ce favori de Mars,
Qui, superbe héritier d'une valeur antique,
Malgré son honneur pacifique,
Devoit conduire l'aigle au milieu des hazards.
Le héros soudain vole aux armes ;
Il est [illegible] de cent mille soldats,
Et vers la France il dirige ses pas :
Par-tout il seme les alarmes,
Mais son cœur insensible aux larmes,
Ne respire que les combats.
Au bruit de ses exploits la raison fugitive
Rentra dans les murs de Paris ;
De l'infâme cabale elle étouffa les cris,
Et sa voix touchante & plaintive,
En retraçant le tableau de Ninive,
Par la douceur, ramena les esprits.
A l'aspect du héros, la paix sembla renaître :
La honte du forfait fut le fruit de l'erreur ;
Le Français égaré rappella son honneur,

Et rendit son amour au légitime maître :
Il abhorra le nom de traître,
Et du trône ébranlé devint le défenseur.
L'autorité, dès-lors, leva sa tête altiere :
Le désordre s'enfuit à la voix du héros ;
L'ordre reprit naissance au milieu du cahos,
Et le stupide orgueil rentra dans la poussiere.
On vit flotter des lys, l'éclatante banniere,
Et les tendres amours exilés à Paphos,
Vinrent rendre aux Français leur tribut ordinaire,
Et goûter, auprès d'eux, les douceurs du repos.

Rassasié de sang & de carnage,
Arbitre souverain des décrets éternels,
Vengeur des rois, protecteur des autels,
Le héros dont la gloire égaloit le courage,
Après avoir cimenté son ouvrage,
Et consacré ses exploits immortels,
Vit raffermir le calme & dissiper l'orage.

Ainsi, les Dieux fatigués de punir,
Et voyant leur pouvoir rétabli sur la terre,
Enfin se laisserent fléchir.
Mais éteignit le flambeau de la guerre ;
Jupiter suspendit l'effet de son tonnerre,
Et de tant de forfaits bannit le souvenir.

www.ingramcontent.com/pod-product-compliance
Ingram Content Group UK Ltd.
Pitfield, Milton Keynes, MK11 3LW, UK
UKHW020453180726
13839UKWH00004B/1804